LA QUESTION JUIVE

PAR

Le R. P. Théodore RATISBONNE

Prix : 1 franc

PARIS

E. DENTU	CH. DOUNIOL
LIBRAIRE-ÉDITEUR	LIBRAIRE-ÉDITEUR
Palais-Royal, 13 et 17, galerie d'Orléans	Rue de Tournon, 29

1868

LA QUESTION JUIVE

PAR

Le R. P. Théodore RATISBONNE

Prix : 1 franc

PARIS

E. DENTU	CH. DOUNIOL
LIBRAIRE-ÉDITEUR	LIBRAIRE-ÉDITEUR
PALAIS-ROYAL, 13 ET 17, GALERIE D'ORLÉANS	RUE DE TOURNON, 29

1868

LA
QUESTION JUIVE

I

Au point de vue social, comme au point de vue religieux, les juifs ont toujours occupé un rang à part; et c'est à juste titre qu'aujourd'hui plus que jamais ils attirent l'attention du monde. Quand on réfléchit à l'état stationnaire où ils sont demeurés pendant près de 2000 ans, on s'étonne du mouvement insolite qui tout à coup s'est propagé parmi eux; et on se demande quelle est la tendance de ce mouvement, et quel est le terme où il doit aboutir. Naguère encore des barrières de fer séparaient cette race impérissable de tous les peuples, au milieu desquels elle végétait; et contrairement à la loi d'assimilation qui fond ensemble dans une même société les divers éléments des nations subjuguées, les juifs seuls persévéraient dans leur isolement, inaccessibles à la lumière de l'Evangile et aux progrès de la civilisation chrétienne.

Cet état de somnolence se prolongea jusqu'au commencement de notre siècle; et durant ce long cours des choses, les juifs, refoulés sur eux-mêmes et visiblement réprouvés, ne présentent dans leur lamentable histoire aucune vitalité, aucun changement, aucun point de contact avec les chrétiens. C'est une eau stagnante qui ne se mêle dans aucun des fleuves qui l'environnent.

Le but de cet écrit n'est pas de rappeler la cause de cette éclatante déchéance ; elle est écrite dans l'Ancien et le Nouveau Testament : c'est le mystère de la justice de Dieu, le plus mémorable et le plus significatif de tous les phénomènes de l'histoire.

Il ne fallait rien moins qu'une commotion sociale, la plus terrible dont l'histoire fasse mention, pour donner au peuple israélite le premier signal du réveil.

Chose étonnante, et pourtant très-peu remarquée ! De tous les actes qui émanèrent, comme des coups de foudre, du sein de la Révolution française, il n'en est qu'un seul qui subsista dans toutes ses conséquences ; et c'est précisément celui-là auquel on fit le moins d'attention. Le 28 septembre 1791, l'Assemblée constituante, dans l'ivresse de son omnipotence, décréta l'émancipation des juifs, et les admit à l'exercice de tous les droits civils et politiques des citoyens français. Cette initiative s'imposa successivement, mais non pas sans résistance, d'abord à tous les états catholiques, puis aux états protestants et schismatiques, même dans les pays turcs et arabes.

Il fallait que la France fût descendue bien bas dans les ténèbres de l'incrédulité pour se rencontrer soudainement au niveau de l'infidélité des juifs. Mais la Providence, qui fait tout concourir à ses impénétrables desseins, semble avoir choisi le moment où l'édifice social s'écroulait avec fracas, pour ébranler les murailles séculaires qui séparaient les juifs de la société chrétienne. Sous les épais nuages de poussière que tant de ruines avaient amoncelés partout, l'émancipation des juifs s'accomplit d'une manière presque inaperçue. Et en effet, quand après la nuit obscure les israélites et les chrétiens se virent en face les uns des autres, dans la même vie sociale, ils demeurèrent surpris et long-temps embarrassés de cette fraternité improvisée. La ligne de démarcation, légalement abolie, subsista dans les habitudes, dans les mœurs, dans les instincts; et les juifs, toujours repoussés, se tinrent quelque temps à l'écart, sans user de leur liberté, sinon pour augmenter les chances de leur commerce. Quinze années d'hésitation s'écoulèrent depuis le fameux acte d'affranchissement; et durant cette période, l'on ne saurait signaler aucun changement notable dans la situation réelle des juifs. Un principe avait été promulgué; les conséquences durent en sortir plus tard.

Ce fut Napoléon, le puissant initiateur de l'ère nouvelle, qui conçut la pensée de rendre possible la fusion de la nationalité juive dans la nationalité française. Il convoqua à Paris, par un décret du 30 mai 1806, une assemblée de juifs, tant de la France que de l'Italie et de la Hollande, afin de provoquer la solution d'une série de questions qui toutes avaient pour objet de mettre en harmonie les prescriptions de Moïse avec les exigences de la loi française. Les députés israélites avaient trop d'intérêt à conserver leurs titres et leurs droits de citoyens pour ne point mesurer les termes de leur profession de foi. Plus soucieux de leur bien-être que de la loi du Sinaï, ils dissimulèrent les conditions inflexibles de leur foi religieuse, et en sacrifièrent plusieurs points fondamentaux, pour ne pas s'aliéner la bienveillance de l'Empereur. Ainsi, dans leur déclaration du mois d'août 1806, ils commencèrent par poser en principe: « que leur religion leur ordonnait de regarder comme

« *loi suprême* la loi du prince en matière civile et politique ;
« que, par conséquent, lors même que leur code religieux,
« ou les interprétations qu'on lui donne, renfermeraient
« des dispositions civiles ou politiques qui ne seraient point
« en harmonie avec le code français, ces dispositions cesse-
« raient dès lors de les régir, puisqu'ils doivent avant tout
« reconnaître la loi du prince et lui obéir. »

Cet étrange préambule plaçait d'un seul trait le code Napoléon au-dessus du code de Moïse. On y voit tout d'abord les dispositions qui animaient les députés juifs chargés de résoudre, au nom de leurs coreligionnaires, les questions qui leur furent soumises. La déclaration contenant leurs réponses officielles dut pleinement satisfaire l'Empereur ; et celui-ci, voulant donner à la doctrine de ce nouveau judaïsme une sanction et une autorité qu'elle n'avait pas, imagina de transformer l'assemblée des députés israélites en une espèce de concile, sous la dénomination de grand sanhédrin.

Le concile hébraïque réuni à Paris, dans les premiers jours du mois de février 1807, confirma les décisions précédentes, et formula neuf articles relatifs au mariage, au divorce, à la polygamie et aux relations civiles et politiques des juifs avec les chrétiens.

Nous parlerons tout à l'heure de l'article qui concerne le rabbinisme. Constatons seulement que les décisions du grand sanhédrin, malgré l'appui que leur donna le gouvernement de l'Empereur, n'obtinrent jamais aucun crédit parmi les juifs orthodoxes.

Napoléon, poursuivant sans le savoir le plan de la Providence, persistait à dissoudre de plus en plus la nationalité juive dans l'Empire français ; et à cette fin, il décréta plusieurs mesures qui organisaient sur des données nouvelles

les débris antiques du culte de Moïse. Le 17 mai 1808, il fonde des consistoires, nomme des rabbins, sanctionne les décisions du grand sanhédrin et réglemente à larges proportions les affaires de la synagogue. Le 20 juillet de la même année, un autre décret enjoint aux juifs d'adopter, dans le délai de trois mois, un prénom patronymique et un nom de famille qui ne soient point tirés de l'Ancien Testament. Si la puissance impériale ne parvint point à changer les caractères et les physionomies, elle produisit cependant à la longue des résultats incontestables; car toutes ces innovations, dépouillant les juifs de leur forme propre, et introduisant dans le sein de leur religion des éléments hétérogènes, amenèrent peu à peu la décomposition totale du vieux judaïsme.

D'autres causes contribuèrent à cette crise. Les juifs, entrés dans une société licencieuse, en adoptèrent bientôt les doctrines et les mœurs. La philosophie du XVIIIᵉ siècle devint le guide de ceux d'entre eux qui voulurent s'instruire et passer pour des hommes éclairés; la vie des camps fit oublier les pratiques religieuses à beaucoup d'autres; enfin l'exemple des mauvais chrétiens et l'indifférence presque générale en matière de religion qui dominait alors en France, achevèrent d'éteindre, dans la grande majorité des juifs, les étincelles de foi qu'ils tenaient de leurs pères.

A l'époque dont nous parlons, l'influence dissolvante de l'incrédulité minait à la foi les juifs et les chrétiens; elle semblait avoir produit un nivellement général. Mais sur cette table rase, la Providence ouvrait à la fragilité humaine de nouveaux moyens de salut; et l'on put pressentir la réalisation d'une mystérieuse parole de saint Paul : « *Conclusit Deus omnia in incredulitate, ut omnium misereatur* (1). »

(1) Ep. aux Rom., XI, 32.

« Dieu les a laissés tomber dans l'incrédulité, les uns et les autres, afin d'exercer sa miséricorde envers tous. »

Dès lors, l'action du christianisme commença à se faire sentir; elle ne prévalut pas encore; mais elle devint irrésistible. Le judaïsme, qui avait subsisté immobile à travers les siècles, comme un cadavre réduit à l'état de momie, endurci et invulnérable sous le marteau des persécutions, tomba en lambeaux, à mesure qu'il se rapprocha davantage de l'atmosphère chrétienne; et de ce moment apparurent les premiers signes de la régénération. Comme les graines de l'ancienne Egypte retrouvées de nos jours, qui ont fourni une moisson nouvelle, les germes du judaïsme poussèrent en divers pays des fleurs pleines d'espérance. Ces prémices ne se montrèrent pas dans la masse du peuple, mais on pouvait constater déjà quelques rares fruits du mystérieux travail de la grâce. La transformation s'opérait lentement dans les esprits, tandis qu'au dehors on n'apercevait encore que le cahos, triste cortége de la licence et de l'irréligion. La génération juive qui a disparu avec le dernier siècle emporta avec elle les traditions, les préjugés invétérés et les obscures pratiques du talmud; la génération qui est venue après elle, et qui a vieilli sous la Restauration, n'a songé qu'à jouir de la vie terrestre, sans se préoccuper des conditions du bonheur futur; et enfin les israélites des temps postérieurs, élevés pour la plupart dans les écoles chrétiennes, ou dépourvus entièrement d'instruction religieuse, semblent devenus étrangers même aux souvenirs du culte suranné de la synagogue.

De là une situation qui inaugure une phase nouvelle évidemment anormale et transitoire. Les juifs ne sont plus juifs; ils ne sont pas encore chrétiens. Ils flottent au hasard entre le passé et l'avenir. Serait-il possible que cette situation pût convenir aux descendants d'Abraham, le père des croyants? Peuple prophétique donné en spectacle au monde, et destiné à servir d'exemple à tous les autres peuples, son action sur la société ne saurait jamais être indifférente; elle acquiert de nos jours une puissance inouïe. Naturellement habiles et ingénieux, et possédés par l'instinct de la domination, les juifs ont envahi graduellement toutes les avenues qui conduisent aux richesses, aux dignités et au pouvoir; leur esprit s'est peu à peu infiltré dans la civilisation moderne; ils dirigent la bourse, la presse, le théâtre, la littérature, les administrations, les grandes voies de communication sur terre et sur mer; et par l'ascendant de leur fortune et de leur génie, ils tiennent enserrée à l'heure qu'il est, comme dans un réseau, toute la société chrétienne.

Le gouvernement de 1830 a donné à la synagogue un élan qui ne s'est plus arrêté. Un de ses premiers actes, le 8 février 1831, fut de placer les rabbins sur la même ligne que les ministres des autres cultes, et de leur assigner un traitement sur le trésor public. Cette innovation créa une espèce de clergé israélite au point de vue légal; mais aux yeux de la religion, les rabbins n'ont jamais été et ne sauraient être des ministres de l'Ancien Testament. On sait qu'aux termes de la loi de Moïse, les fils d'Aaron et les descendants de la tribu de Lévi avaient seuls la mission d'exercer les fonctions sacerdotales; si bien, qu'après la dispersion et le mélange des tribus, les juifs n'eurent plus ni prêtres, ni sacrifices. C'est la réalisation littérale de la prophétie d'Osée : « Pendant de longs jours, Israël sera sans roi, sans prince, sans sacrifice, sans autel, sans éphod et sans théraphim (1). » Les rabbins, dont le nom signifie

(1) Osée, III, 4.

maître ou précepteur, n'étaient que des scribes plus ou moins instruits dans la Loi ; ou des casuistes versés dans le talmud, qui enseignaient les commentaires sur la religion ; plus tard, ils reçurent un modique salaire de la synagogue pour rendre des décisions sur les cas douteux de la morale talmudique. Telles étaient leurs seules attributions ; et jamais ils ne s'étaient posés comme des pasteurs ou des ministres de leur religion. On peut lire dans le numéro du mois de juin 1846 d'une publication juive, intitulée *les Archives israélites*, une intéressante notice sur le rabbinisme français. L'institution actuelle des rabbins, comme ministres de leur culte, ne date que de l'année 1808 ; elle est due aux députés israélites, lesquels, honteux de proclamer en face de la France la nullité et l'inutilité des fonctions rabbiniques, attribuèrent aux rabbins d'alors un caractère fictif et contradictoire avec la loi formelle de l'Ancien Testament (1).

L'ordonnance royale de 1831 sanctionna cette singulière anomalie, en dotant la synagogue d'un sacerdoce impossible. Mais dans le fait, les rabbins, transformés en prêtres par la loi civile, et bien que salariés par l'État, demeurèrent sans autorité parmi les juifs ; et ils se virent en butte aux sarcasmes de leurs amis et de leurs ennemis. On avait espéré que la création du rabbinat redonnerait quelque vie à la synagogue expirante ; on attendait des changements dans les cérémonies, des modifications dans les offices, des progrès dans les interprétations ; les uns voulaient des réformes, les autres s'y opposaient ; tous pré-

(1) Voici le texte sacré de la loi de Moïse : « *Vous établirez Aaron et ses fils pour les fonctions du sacerdoce. — Tout autre qui s'immiscera dans les fonctions du saint ministère sera puni de mort.* » (Nombres, III, 10.)

tendaient régénérer, par des moyens divers, les affaires de la religion. Mais les rabbins, revêtus d'un pouvoir illusoire, incapables d'ailleurs de soutenir le rôle qu'on leur avait assigné, et parfaitement contents de leur sort, n'opposèrent qu'une force d'inertie aux réclamations discordantes de leurs coreligionnaires.

Alors les juifs se divisèrent en plusieurs partis très-distincts. Les uns, qu'on peut appeler les *indifférents*, et c'est le très-grand nombre, abandonnèrent la synagogue et les pratiques religieuses. Ce sont les hommes du jour qui ne connaissent d'autre vie que celle de ce monde, et consacrent leur activité tout entière aux poursuites des plaisirs et des intérêts. Les autres sont les *réformateurs*, disciples attardés de l'école de Voltaire; et cependant toujours attachés par instinct plutôt que par conviction à la foi de leurs ancêtres. Ils voudraient, comme ils disent, mettre la religion à la hauteur du siècle; c'est-à-dire un judaïsme habillé à la mode moderne, avec un dogme qui ne contrariât point les sens, et un culte qui ne gênât point les habitudes. Les réformateurs se distinguent des indifférents, en ce que ces derniers, n'ayant plus même le sentiment religieux, ne se préoccupent en aucune manière de la décadence ou de la réhabilitation de la synagogue; tandis que ceux-là se rattachent à des croyances qu'ils ne pratiquent pas, et cherchent à les mettre en harmonie avec les systèmes humains. Trop occupés d'ailleurs des choses de la terre pour s'élever jusqu'à l'idée divine de la religion, ils voudraient la faire descendre jusqu'à eux, et satisfaire ainsi tout à la fois leur orgueil irréfléchi et leur conscience aveuglée.

Le troisième parti, appelé *orthodoxe* ou *conservateur*, se compose d'un assez grand nombre de juifs opiniâtres qui, soit par conviction, soit par esprit d'opposition, repoussent

tous les projets de réforme et réclament à hauts cris le
maintien des coutumes et des prescriptions talmudiques.
Les hommes de cette catégorie diminuent tous les jours;
car ils ne se recrutent guère parmi les jeunes gens; et il y
a parmi eux beaucoup d'ignorance et d'hypocrisie.

Il existe un autre parti appelé par les juifs eux-mêmes
le parti des *christianisants* (1). Ces israélites, qui répu-
dient le nom de juifs, admirent le culte catholique; mais
la plupart s'arrêtent au seuil de l'Eglise. Nourris de lec-
tures futiles ou erronées, ils s'imaginent que le Dieu des
chrétiens est un autre Dieu que le Dieu d'Israël, et n'osent
embrasser l'étude sérieuse du christianisme, de peur de se
laisser entraîner à quitter la religion de leurs pères. Comme
si le judaïsme moderne était la religion de Moïse! Comme
si depuis longtemps ils n'avaient brisé la chaîne qui les
rattachait à la foi des patriarches! Comme si la foi chrétienne ne contenait pas la totalité de la foi juive! Du reste,
poussés mystérieusement vers l'Eglise, ils prononcent avec
respect le nom de Jésus-Christ; ils louent la morale évangélique; ils fréquentent les prêtres et les sermons; ils émet-
tent hautement le vœu et l'espérance de voir bientôt tout
Israël au sein du christianisme. Beaucoup d'entre eux ont
en effet reçu le sacrement de la régénération : les uns pu-
bliquement, les autres en secret; et il y a aujourd'hui des
membres chrétiens dans toutes les principales familles
israélites de l'Europe.

Enfin le parti qui l'emporte aujourd'hui sur toutes les
autres nuances, et par le nombre de ses adhérents et par
leur distinction, c'est celui qui renie ouvertement la Bible

---

(1) On peut lire à cet égard de curieuses lamentations dans un re-
cueil intitulé : *l'Univers israélite*, numéro de juillet 1845, p. 170.

et le culte hébraïque, pour s'attacher à la poursuite d'un progrès qu'ils appellent *l'idée*. A ce mot, on reconnaît les disciples plus ou moins désillusionnés des Saint-Simon, des Fourrier et autres inventeurs de religions, lesquels, on le sait, ont fait leurs premières conquêtes parmi les israélites les plus éminents. Ce parti, qui s'intitule le parti *progressiste*, a des aspirations nobles : il pressent une fusion universelle ; et pour atteindre ce but, il réclame avec instance la convocation d'un synode composé des représentants de toutes les synagogues du monde. Et quelle sera la mission de ce nouveau grand sanhédrin ? *Cieux, écoutez, et toi, terre, prête l'oreille!* Sa mission sera de proclamer à la face du monde l'unité de Dieu et l'immortalité de l'âme. Quiconque admettra ces deux dogmes, disent-ils, sera par le fait reconnu israélite.

Voilà textuellement la somme de leur théologie. C'est assurément réduire la religion à sa plus simple expression ; et il faudrait supposer aux mécréants de tous les pays une fort mauvaise volonté pour douter de leur acquiescement à une religion si facile. Toutefois elle n'est pas nouvelle ; et il n'est pas nécessaire qu'un synode de rabbins vienne nous la révéler. Déjà le paganisme, fatigué des idoles, s'était élevé au niveau de ce vague déisme. Aristote, Platon, Sénèque, parlaient de l'unité de Dieu. Cicéron, entre autres, a écrit ces mots : « Quoique Dieu soit unique, on le désigne sous divers noms; nier son existence serait une absurdité (1).» Et sans nous arrêter aux païens, rappelons seulement que le monothéisme a trouvé aussi un apôtre dans Robespierre, qui, en plein synode de la Convention, daigna octroyer à l'Être suprême un brevet d'existence et un certificat de vie.

(1) De natura Deorum., IV, 18.

On connaît l'influence que ce dogme abstrait a exercé sur la moralité et la prospérité de la France.

Est-ce là l'idée du progrès renfermée dans ce qu'on appelle de ce mot bizarre : l'*israélitisme libéral ?* Je ne saurais le croire ; j'ai trop bonne opinion des progressistes ; mais je me demande comment des hommes de bonne foi et de talent peuvent se contenter d'une théorie si vague et si vaine. Est-ce qu'ils ne pressentent pas que s'il y a un Dieu, créateur et père des hommes, il faut qu'il y ait un rapport vivant entre l'homme et son Créateur ? Quel est ce rapport ? Pourquoi a-t-il été brisé ? Comment peut-il être renoué ? Voilà les questions vitales de la religion qui intéressent notre destinée future ; elles n'ont pas été livrées aux disputations des hommes ; elles ont été résolues par l'Ancien et le Nouveau Testament. Rejeter ces livres sacrés, c'est se condamner à un doute éternel, dût-on décorer ce doute du titre de science, de progrès, d'idée, de monothéisme, ou d'israélitisme libéral.

Disons-le franchement. Ces hommes savent ce qu'ils ne veulent pas ; mais ils ne savent pas ce qu'ils veulent. Ils ne veulent plus de judaïsme ; cela est certain ; mais ils ne veulent pas encore le christianisme ; et la preuve, c'est que tout en reniant en bloc la Révélation de Moïse, ils poursuivent d'un zèle implacable ceux d'entre eux qui embrassent la foi catholique. Ces derniers, nous l'avons déjà dit, ne renoncent à aucun point de l'Ancien Testament ; ceux au contraire qui les accusent, renient tous les enseignements de la foi et toutes les traditions de leurs pères. A qui donc s'applique logiquement l'épithète d'apostat ?

Les divers partis que nous avons désignés, quelles que soient leurs profondes divergences, ont cependant un point de contact. Tous conservent le souvenir amer des persécutions dont les juifs ont été l'objet pendant dix-huit siècles; car l'ombre de ces calamités les poursuit encore. Il faudrait en effet une vertu plus que magnanime pour effacer d'un généreux oubli les sanglants témoignages de leur histoire. Mais le tort des juifs et leur malheur, c'est de ne pas ouvrir les yeux sur la cause de ces persécutions séculaires et sans exemple. On a vu dans le cours des âges bien des peuples devenus la proie des autres peuples. Mais ces injustes agressions avaient des bornes; elles ne souillaient que certaines époques et certaines contrées; elles ne duraient qu'un temps; elles ne s'accomplissaient pas simultanément ou alternativement dans tous les pays du monde. Les persécutions des juifs ont eu ce double caractère: la perpétuité et l'universalité. C'est un phénomène unique qu'on ne saurait expliquer humainement; il est trop vaste pour le faire sortir d'une cause restreinte. Si vous l'attribuez à l'intolérance, il faudrait remonter à la cause de cette intolérance, et non pas en rendre responsable le catholicisme tout seul; car les mêmes persécutions ont été incessantes chez les païens, chez les protestants, chez les grecs, chez les musulmans, en tous temps, en tous lieux, sous toutes les formes de gouvernement.

Si l'on ne veut pas ouvrir l'Evangile pour pénétrer ce lugubre mystère, qu'on lise les prophètes d'Israël. Nous ne citerons que Moïse : *Si vous rendez mon alliance vaine et inutile, je briserai la dureté de votre orgueil, le ciel sera pour vous comme de fer, et la terre comme de l'airain. Je ravagerai votre pays; je le rendrai l'étonnement de vos ennemis mêmes; je vous disperserai parmi les nations... Et s'il en demeure un petit nombre parmi vous, ils sécheront au milieu de leurs iniquités, dans la terre de leurs ennemis, et ils seront accablés d'afflictions, à cause des péchés de leurs pères et de leurs*

*propres péchés, jusqu'à ce qu'ils confessent leurs iniquités et
celles de leurs ancêtres... (1).*

Nous ne poursuivrons pas ces citations; elles sont terribles ; et elles se retrouvent plus effrayantes encore dans les autres livres prophétiques. Mais en les rapprochant de l'histoire des juifs, pourrait-on méconnaître l'intervention de la main de Dieu dans l'explosion d'une catastrophe qui a duré près de deux mille ans ?

Est-ce à dire que l'Eglise catholique a été le glaive de la divine justice ? Non, ce n'était pas là sa mission. Elle a au contraire modéré les fureurs spontanées des peuples ; elle a énergiquement condamné, par l'organe des pontifes, les fauteurs de ces inimitiés cruelles, alors même qu'elles étaient des représailles. Elle a couvert de son égide les juifs tremblants ; et elle ne s'est pas bornée à les arracher aux passions populaires ; elle leur a ouvert des asiles inviolables où ils trouvaient la sécurité. C'est Rome qui a donné l'exemple de cette charité protectrice ; elle a concédé aux juifs un quartier à part ; et plusieurs autres villes ont imité l'initiative des pontifes romains. Grâce à ces lieux de refuge, les juifs vivaient ensemble autour de leur synagogue, conformément à leurs lois, sous l'autorité de leurs chefs spirituels ; et ils avaient la jouissance pleine et entière de l'exercice de leur culte. De là les *Ghetto*, dont l'origine se rattache à une pensée hospitalière, trop oubliée, trop calomniée de nos jours. La philanthropie en fait de sombres tableaux et en déplore à juste titre la vétusté et la malpropreté. Mais on oublie qu'ils datent d'un temps où généralement toutes les villes avaient le même aspect. Au moyen âge, la civilisation chrétienne ne mettait pas son orgueil à transformer

(1) Lévitique, xxvi.

en palais les fragiles demeures de ce monde. Les chrétiens, passagers sur la terre, n'aspiraient qu'aux splen-
deurs de la Jérusalem céleste. Si, avec les progrès du
siècle, on a singulièrement embelli les cités de l'exil terrestre, il ne faut pas s'étonner que les juifs n'aient pas
suivi ce mouvement. Les *Ghetto* sont restés stationnaires
comme les populations qui y demeuraient. Ce sont les
juifs qui les ont maintenus dans l'état où ils se trouvent;
et il paraît même que ces habitations délabrées ne leur
déplaisaient point; car aujourd'hui encore ils les préfèrent
à d'autres. Depuis le commencement de son règne, Pie IX
a mis tous les quartiers de Rome à leur disposition; et cependant ils s'obstinent à ne pas quitter le Ghetto, et ils y
restent volontairement attachés.

Les israélites commettent évidemment une injustice et
une ingratitude quand ils s'insurgent aujourd'hui contre
une institution qui les a sauvés autrefois.

II

Les digressions auxquelles nous avons cru devoir nous
arrêter au sujet des divers partis qui divisent les juifs, ne
nous ont pas éloigné de notre sujet; car elles éclaircissent
ce qui nous reste à dire sur la crise qui résulte de la confusion de tant d'éléments disparates.

Les partisans des réformes, aussi bien que les orthodoxes,
ont leurs organes dans la presse. Mais en général, les publi-
cations israélites ne laissent point percer les agitations
intestines de la synagogue; et elles évitent autant que possible de mettre le monde chrétien dans ces confidences.
Ce qu'il y a de remarquable, c'est le soin avec lequel elles

fuient toute discussion sérieuse et dogmatique. On écarte surtout la grande question du Messie, la seule qui s'interpose entre les juifs et les chrétiens ! Car cette question une fois résolue ; et Jésus-Christ étant reconnu pour le Saint d'Israël promis aux patriarches et annoncé par les prophètes, le mur de séparation tomberait instantanément, et la parole du Messie serait la lumière des juifs comme elle est la loi des chrétiens. C'est ce que redoutent ceux d'entre eux qui s'occupent de questions religieuses; et on dirait que la crainte d'être éclairés les porte non-seulement à torturer le sens de leurs prophéties sacrées, mais encore à nier, contre le texte même de l'Ancien Testament, le dogme du Messie et de la Rédemption du monde. Aujourd'hui les juifs n'admettent plus ce point fondamental de la religion de leurs pères; ils rejettent tout ensemble le mystère du péché originel et la promesse du Rédempteur; ou bien, s'ils invoquent encore le Messie dans la récitation obligatoire des psaumes et des livres prophétiques qu'on lit tous les samedis aux offices de la synagogue, ils n'attachent aucun sens à leurs paroles; ils les regardent comme des formules surannées; ils déclarent même qu'on ne doit plus attendre de Messie, ni demander d'autre affranchissement que celui qu'ils ont obtenu dans leur situation politique. *Le Messie est venu pour nous le 28 février 1790, avec la Déclaration des droits de l'homme.* Ainsi s'exprimait un des organes les plus autorisés des juifs modernes, M. Cahen, le traducteur de la Bible (1).

Dans cet état de décadence du judaïsme, les israélites influents eurent recours au gouvernement de Juillet pour solliciter un appui qu'ils ne trouvaient plus dans leur foi.

(1) *Archives israélites,* numéro du mois d'octobre 1847, p. 801.

Grâce aux sympathies dont ils étaient l'objet, ils obtinrent une constitution qui, sous la forme d'une ordonnance royale, était une vraie constitution civile du culte israélite. Ce document, daté du 25 mai 1844, fixa très-peu l'attention publique; peu de personnes semblèrent comprendre la portée immense d'une organisation qui plaçait le judaïsme sous l'autorité directe et immédiate du ministre chrétien chargé du département des cultes en France. Mgr l'évêque de Langres est le seul qui, à cette époque, en signala les conséquences dans une célèbre brochure intitulée *les Tendances*. Il suffit de jeter un coup d'œil sur les principales dispositions de cette ordonnance royale, pour y reconnaître les atteintes profondes qu'elle portait aux traditions et à la hiérarchie de la synagogue. Ainsi on statua que la religion des israélites français aurait désormais son foyer à Paris. Un consistoire central composé de laïcs, et placé, comme le saint synode de Russie, sous les mains du gouvernement, dirige le spirituel et le temporel du culte; il peut être dissous par une ordonnance; et dans ce cas, les rênes de la synagogue sont confiées à une administration provisoire formée par le ministre. Au-dessous de ce consistoire suprême, sont placés des consistoires départementaux qui rendent compte de leur gestion aux préfets.

Cette organisation, si contraire à l'esprit et à la lettre de l'Ancien Testament, eut pour résultat la sécularisation complète de la religion juive. Le judaïsme, absorbé dans l'élément politique, se trouva désormais régi comme une simple branche d'administration civile. Mais les israélites, fascinés de plus en plus par la protection officielle dont ils se virent l'objet, s'applaudirent de cette étrange situation qu'ils appelaient un progrès; et ils ne voulurent pas comprendre que l'appui humain est une base bien fragile, surtout dans un temps où la société tout entière est en proie à de perpétuelles vicissitudes.

La même constitution, avec quelques changements, fut appliquée bientôt après, par une nouvelle ordonnance en date du 9 novembre 1845, aux israélites de l'Algérie; et ce qu'il y a de bizarre dans ce dernier acte, c'est que l'Algérie, étant placée sous le régime militaire, l'administration du culte mosaïque se trouva par le fait dans les attributions du ministre de la guerre; et ainsi, c'est un général d'armée qui exerce sur la synagogue algérienne la suprématie que le grand prêtre exerçait à Jérusalem.

Cependant les consistoires eux-mêmes éliminent autant que possible les rabbins. Ils se recrutent parmi les négociants, les avocats, les artistes et les riches, quels qu'ils soient, tous très-honorables sans doute, et nous admettons qu'ils soient versés dans l'étude des sciences humaines; mais en général, ils sont complétement étrangers aux études théologiques et aux offices de la synagogue. Est-ce bien de là que viendra la lumière?

Remarquons encore que ces bouleversements ne sont pas particuliers à la France; ils se produisent avec plus d'effervescence dans les autres contrées; et si le cadre de cet écrit le comportait, nous indiquerions ici les schismes rabbiniques déjà pleinement accomplis en Angleterre, en Autriche, en Prusse, en Russie et dans la Pologne. Partout un esprit nouveau remue les restes d'Israël; partout, sur toute la surface du globe où ils sont dispersés, ils s'agitent et aspirent après un nouvel ordre de choses. Le temps actuel est évidemment une transition entre l'état d'immobilité des dix-huit siècles passés et une régénération future qui ne sera opérée que par l'Évangile. L'émancipation civile et politique des juifs n'a été que le prélude d'une libération plus haute et plus complète. Sous les décombres de la synagogue se forment les matériaux d'un nouvel édifice qui déjà commence à grandir; et quoiqu'à peine sorti de terre, il se montre à tous les yeux.

Quelles seront les conséquences de cette crise? D'une part, le contact inévitable des israélites avec les chrétiens fait tomber de jour en jour les anciennes répugnances. Les juifs se trouvent désormais mêlés à la civilisation, aux discussions religieuses, à la vie générale de la société chrétienne; en sorte que, malgré eux, ils sont enveloppés et comme envahis par le souffle du christianisme qui agit sans cesse, pénètre, féconde et vivifie tous les éléments sociaux. D'une autre part, la Providence, après avoir déblayé les voies, a fait naître sur le sol de l'Eglise des œuvres destinées à répondre aux besoins nouveaux. Elle a choisi des instruments même parmi les enfants d'Israël; et aujourd'hui on ne saurait plus compter le nombre de ceux qui ont cherché et trouvé dans l'Eglise la lumière, la paix et la félicité. Le zèle apostolique qui pressa si instamment saint Pierre et saint Paul, s'est réveillé pour se mettre à l'œuvre; une immense charité se déploie en faveur des juifs. Tout porte à croire qu'avec la bénédiction du Père commun des fidèles, avec les secours de la prière, la grâce divine ramènera dans les voies de la vérité les brebis égarées. Le temps des miséricordes promises à Sion est venu; c'est le signal des consolations annoncées à l'Eglise. « *Tu exsurgens misereberis Sion quia tempus miserendi ejus, quia venit tempus* (1). »

(1) Psaume CI.

III

Nous avons dit que l'obstacle principal qui éloigne les juifs de la grande famille catholique, c'est la crainte de renier la foi de leurs pères, et l'horreur instinctive qu'ils éprouvent à la pensée d'adorer un autre Dieu que le Dieu d'Abraham. Cet obstacle ne provient que d'un défaut d'étude ; car ils s'imaginent que le christianisme est une autre religion que le judaïsme ; prévention tout opposée à la vérité. L'Evangile, loin d'abolir les dogmes de l'Ancien Testament, les a propagés parmi toutes les nations de la terre ; et le christianisme n'est en réalité que l'accomplissement des promesses faites à Abraham et aux patriarches d'Israël : « *Toutes les nations de la terre seront bénies en Celui qui sortira de votre race* (1). » C'est donc une erreur capitale de croire qu'en embrassant la foi chrétienne, l'enfant d'Israël renonce au Dieu de ses ancêtres. Au contraire, il reconnaît et proclame que ce Dieu de bonté est fidèle à ses promesses, et que ce qu'il a solennellement annoncé, s'est magnifiquement accompli.

« Une institution, dit le cardinal Gousset, peut se développer et grandir suivant le plan de celui qui en est l'auteur, sans cesser d'être substantiellement la même. Telle est la religion chrétienne. Nous la voyons toujours la même dès l'origine du monde ; toujours on a reconnu le même Dieu comme auteur, le même Christ comme médiateur ; le même but, les mêmes moyens, les mêmes vérités, en figure ou en réalité, suivant la portée de l'esprit humain.

(1) Genèse, XXII, 18.

Dieu n'a point enseigné aux hommes dans un temps le contraire de ce qu'il leur avait enseigné dans un autre. La croyance des patriarches n'a point été changée par les leçons de Moïse ; le symbole des chrétiens, quoique plus étendu, n'est point opposé à celui des hébreux ; mais les enseignements primitifs donnés aux patriarches ont été renouvelés et développés sous la Loi écrite, expliqués et complétés par Jésus-Christ qui est venu, non pour *détruire*, mais pour *accomplir* la loi et les prophètes : « *Non veni solvere legem aut prophetas, sed adimplere* (1). »

Bossuet explique cette même vérité en d'autres termes : « L'Eglise catholique remplit tous les siècles précédents par une suite qui ne peut lui être contestée. La Loi vient au devant de l'Evangile. La succession de Moïse et des patriarches ne fait qu'une même suite avec celle de Jésus-Christ. Être attendu, venir, être reconnu par une postérité qui dure autant que le monde, c'est le caractère du Messie en qui nous croyons. *Jésus-Christ est aujourd'hui, il était hier, il est aux siècles des siècles* (2). »

Ainsi les israélites, en entrant dans l'Eglise, se retrouvent dans leur propre famille. C'est par les juifs que l'Evangile a été propagé dans le monde ; les apôtres de Jésus-Christ, messagers de la parole divine, étaient tous juifs ; l'église primitive de Jérusalem n'était composée que de juifs ; et aujourd'hui encore, ce qu'il y a de plus grand, de plus honoré, de plus aimé à Rome et dans le monde catholique, c'est l'Immaculée Vierge Marie, fille d'Israël ; c'est le saint Pontife, assis sur le trône suprême de l'Eglise,

(1) Saint Matthieu, V, 47. — *Théologie dogmatique*, 1er vol., 1 partie.

(2) *Discours sur l'histoire universelle*, IIe partie, n° 13.

successeur de Simon-Pierre, le premier des papes, issu
de la race de Jacob; c'est l'apôtre saint Paul, qui a porté
la lumière de l'Evangile jusqu'aux extrémités de la terre,
et qui, en parlant des juifs, a écrit les paroles suivantes :
« S'ils sont hébreux, je le suis aussi; s'ils sont israélites,
je le suis aussi; s'ils sont de la race d'Abraham, je suis
de la même race (1). »

Les enfants d'Israël qui ont l'immense bonheur d'embrasser la foi chrétienne, désavouent, il est vrai, les superstitions talmudiques de ceux d'entre leurs pères qui sont
tombés dans les ténèbres de l'infidélité; mais grâce à Dieu,
ils comptent d'autres ancêtres parmi les israélites demeurés
fidèles; et par eux ils se rattachent à la foi des plus dignes
et des plus illustres d'entre leurs pères.

Il est une autre objection très-vulgaire qu'on ne peut attribuer qu'à une coupable ignorance; c'est celle qui reproche aux chrétiens d'adorer trois dieux. Nous la mettrons
sur la même ligne que celle qui les accuse d'adorer la
sainte Vierge. L'Eglise catholique n'adore qu'un seul Dieu
unique, le Dieu trois fois saint, le Dieu d'Abraham, d'Isaac
et de Jacob. C'est l'apostolat chrétien qui, renversant sur
son passage les idoles et le polythéisme, a porté en tous
lieux la connaissance du Dieu d'Israël. Le dogme de l'unité
de Dieu dut demeurer dans sa mystérieuse simplicité jusqu'à l'époque ou l'humanité plus mûre, fut capable d'une
plus haute initiation. Cependant dans le texte même de
la promulgation de ce dogme sacré, Moïse se sert de trois
termes : *Ecoute, Israël, le* SEIGNEUR, *notre* DIEU, *le* SEIGNEUR
est un. Toujours, et aujourd'hui encore, les juifs invoquent
le nom du Dieu unique par une triple invocation : « Saint,

(1) IIe ép. aux Corinth., XI, 22.

saint, saint, est le Dieu des armées. » Nous ne prétendons pas citer ici les paroles de l'Ancien Testament qui couvrent d'un voile sacré le mystère de la Trinité; car notre but n'est pas de publier une thèse de théologie. Nous nous bornons à dire que ce dogme insondable n'altère en aucune sorte le dogme de l'Unité de Dieu, et qu'il a été manifestement révélé dans les saintes Écritures. Il n'appartient pas à l'esprit humain de le pénétrer. Si la nature intime des choses visibles échappe aux investigations de la raison, qui donc pourrait s'étonner de se trouver en face d'un mystère auguste, quand il s'agit de l'Invisible, de l'Incompréhensible, de l'Être éternel?

Cependant ceux d'entre les israélites qui ont secoué beaucoup de leurs préjugés, se heurtent encore devant une autre vérité qu'ils ne comprennent pas. Ils reconnaissent que Jésus-Christ a été le plus sage des philosophes et le plus saint des hommes; ils admirent la sublimité de sa morale; mais ils n'admettent pas sa divinité. Cette dénégation renferme une contradiction flagrante; car, si en effet on rend hommage à la sainteté de la vie et des enseignements de Jésus-Christ, comment supposer qu'il ait pu autoriser l'adoration de sa personne? C'eût été une idolâtrie plus funeste que celle qu'il est venu abolir. Et s'il a enseigné au monde une morale toute divine, comment croire qu'il a fondé cette morale sur l'illusion et le mensonge? Il n'y a pas de milieu : Jésus-Christ est ce qu'il nous a révélé; il est le Fils de Dieu incarné dans la nature humaine; vérité qui fait la base de tout le christianisme; ou bien il n'est qu'un imposteur, et il faut déchirer l'Evangile. Du reste, l'Ancien Testament manifeste clairement la divinité du Messie. Les textes abondent dans les psaumes de David et dans les prophètes. C'est de lui qu'Isaïe a dit au chapitre VII : « *Une*

*Vierge concevra et enfantera un Fils qui sera appelé Emma-
nuel,* » c'est-à-dire *Dieu avec nous.* Cette prophétie s'accorde
avec les suivantes : « *Dieu viendra lui-même pour vous sau-
ver (1).* » « *Une voix crie dans le désert : dites à Jérusalem,
dites aux villes de Juda : voici votre Dieu (2).* » « En ce jour,
continue le même prophète, *mon peuple connaîtra mon
nom, car je serai moi-même présent, moi qui lui parlais
autrefois (3).* » Et le prophète Zacharie s'exprime en ces
termes : « *Filles de Sion, chantez des cantiques de louange,
et soyez dans la joie, parce que je viens moi-même habiter
au milieu de vous, dit le Seigneur (4).* »

Les juifs en général ne lisent pas les saintes Écritures ;
ou bien, ils s'en rapportent aux interprétations de leurs
rabbins qui ne veulent pas ouvrir les yeux. Mais comment
ne serait-on frappé de ces témoignages, quand on les
écoute avec un cœur droit ? Il est probable qu'au temps où
Jésus-Christ est venu sur la terre, les docteurs de la Loi
ne méconnaissaient pas le caractère divin que les Écritures attribuent au Messie ; leur aveuglement consistait à
dénier ce caractère à Jésus-Christ. Cela est si vrai, que le
grand-prêtre, en s'adressant au Christ, lui dit : « *Je vous
adjure au nom du Dieu vivant, de nous dire si vous êtes le
Christ, le Fils de Dieu ?* » Et dans une autre circonstance,
Jésus-Christ lui-même demanda à ses apôtres ce que les
hommes pensaient de Lui ; et quand Simon-Pierre lui ré-
pondit : « *Vous êtes le Christ, le Fils du Dieu vivant,* » cette
profession de foi ne causa aucune surprise parmi les dis-

(1) Isaïe, XXXV, 4.
(2) Isaïe, XL, 3.
(3) Isaïe, LII, 6.
(4) Zacharie, II, 10.

ciples, chez lesquels était répandue la tradition relative à la divinité du Messie.

La vraie cause qui cache ce mystère aux juifs, c'est qu'ils n'ont pas l'idée de l'amour immense qui est en Dieu. Car Dieu lui-même n'est qu'amour; et cet amour s'est épanché, incarné, pour s'unir à l'homme. L'union est le terme de l'amour. Toute la doctrine chrétienne découle de cette vérité initiale.

Répondons encore à une autre objection. Les juifs qui lisent leurs prophéties soutiennent qu'elles ne se sont pas réalisées. Quoi ! disent-ils, nos livres sacrés annoncent que le Messie donnerait la paix au monde, qu'il abolirait toute guerre, toute division, et qu'il réunirait tous les peuples sous son sceptre pacifique ! A quelle époque, dans quel pays, a-t-on constaté ces prodiges ? Jamais la paix, pas plus que la vertu, n'a régné dans le monde.

Ainsi parlent, avec une apparence de raison, les adversaires du christianisme. Leur erreur est ancienne; elle provient de la fausse idée qu'ils avaient conçue de l'œuvre messianique. Ils espéraient un triomphe terrestre, et ne demandaient à leur Messie que les biens de ce monde; tandis que sa mission divine consiste à réhabiliter l'homme, à le réconcilier avec Dieu son Père, et à le ramener dans la patrie céleste. L'Ancien Testament, aussi bien que l'Evangile, mentionne d'ailleurs deux avénements très-distincts du Messie. Le premier devait s'accomplir dans les conditions les plus humbles; c'est la naissance de l'Homme-Dieu qui, par ses abaissements, ses souffrances et sa mort, expie les péchés du monde. Le second avénement se fera avec un grand éclat et une grande majesté. Ce n'est plus alors comme Sauveur et comme victime d'expiation que Jésus-Christ paraîtra dans le monde; mais il se manifestera comme

Juge des vivants et des morts. Alors seulement on verra la réalisation pleine et entière des paroles magnifiques qui annoncent la gloire de l'Eglise. Les juifs s'attachent aux prophéties qui regardent le second avénement, et ils n'envisagent pas celles qui les précèdent. C'est cette confusion qui obscurcit leurs yeux et abrite leur incrédulité.

On comprend, je le répète, que nous n'ayons pas la pensée de réfuter péremptoirement dans ces pages rapides toutes les objections que les préjugés, l'ignorance ou la mauvaise foi ont accumulées contre la foi catholique. Notre désir unique est d'appeler l'attention des esprits sérieux sur une question vitale. Bien entendu, nous ne nous adressons pas aux hommes futiles qui ne regardent la vie que comme un jeu. Nous avons en vue les cœurs droits qui embrasseraient avec bonheur la vérité, si elle leur était clairement exposée. Ceux-là nous ont souvent communiqué une réflexion à laquelle nous voulons répondre en terminant. Ils nous disent : les chrétiens ne valent pas plus que les juifs; leur genre de vie ne diffère pas du nôtre, et dès lors pourquoi ne pas rester ce que nous sommes? Je concède qu'il y a quelque vérité dans cette assertion, et j'accorde plus encore; car assurément il existe un bon nombre de chrétiens qui valent moins que les juifs. Mais que signifie cet argument? Est-ce que les nuages qui voilent le soleil contestent sa lumière et sa fécondité? Est-ce que la sainteté de la religion peut être compromise par ceux qui rejettent ses préceptes et transgressent sa morale? Sans doute, si les israélites de nos jours avaient le bonheur de vivre dans une société vraiment chrétienne, ils jugeraient l'arbre par ses fruits; ils ne résisteraient pas aux attraits de l'esprit chrétien; ils goûteraient avec délices les enseignements qui produisent une intarissable germination d'œuvres saintes;

ils quitteraient sans effort un judaïsme creux et stérile, pour savourer la paix et les consolations vivifiantes que la piété verse dans les âmes.

Il faut en convenir, les mœurs des chrétiens dégénérés, plus que toutes les autres contradictions, éloignent les israélites du christianisme. Ceux qui lisent l'Evangile ont assez d'intelligence pour en comprendre la portée; et quand ils aperçoivent de tous côtés, dans leurs relations sociales, des réalités qui contrastent avec les enseignements; quand ils considèrent la dévotion alliée aux désordres, aux futilités, à la vanité mondaine, ils perdent confiance et sont scandalisés par ceux-là mêmes qui devraient les gagner à Dieu. Combien ils seraient édifiés s'ils rencontraient sur leur chemin quelques-unes de ces âmes vraiment fidèles, dont la vie entière est comme un épanouissement de la parole évangélique! L'apostolat de l'exemple produirait sur eux une irrésistible impression.

Cependant, malgré toutes les entraves, Israël se convertira. Telle est la foi de l'Eglise. « *Le jour viendra*, dit le prophète, *où ils chercheront le Seigneur leur Dieu, et David leur roi; et dans les derniers temps, ils recevront avec une crainte respectueuse le Seigneur et les grâces qu'il leur prodiguera* (1). » Une infinité d'autres paroles de l'Ancien et du Nouveau Testament annoncent avec évidence ce retour qui renouvellera le monde; et l'enseignement unanime des docteurs signale les suites heureuses de ce grand acte de la Miséricorde de Dieu. « *Est-ce que les juifs sont tombés* « *de telle sorte que leur chute soit sans ressource?* s'écrie « le grand *Apôtre. A Dieu ne plaise! Mais leur chute est* « *devenue le signal du salut des gentils; afin que l'exemple*

(1) Osée, III.

« des gentils leur donnât à leur tour une émulation salu-
« taire. Que si leur chute a enrichi le monde, combien
« leur réhabilitation l'enrichira-t-elle encore davantage!
« Et si leur perte est devenue la réconciliation du monde,
« que sera leur rappel, sinon un retour de la mort à
« la vie? Car puisque les prémices des juifs ont été saintes,
« la masse l'est aussi: et si la racine est sainte, les rameaux
« le sont également... Or, si quelques-unes des branches ont
« été retranchées, et si vous qui n'étiez qu'un olivier sau-
« vage, avez été entés parmi celles qui sont demeurées sur
« l'olivier franc; si vous avez été rendus participants de la
« sève et du suc qui sort de la racine, n'ayez pas la présomp-
« tion de vous élever contre les branches naturelles. Sachez
« que ce n'est pas vous qui portez la racine: mais que c'est
« la racine qui vous porte.

« Mais, direz-vous, ces branches naturelles ont été cou-
« pées, afin que je fusse enté à leur place. Cela est vrai;
« elles sont tombées à cause de leur incrédulité; et pour
« vous, vous êtes demeurés fermes dans la foi. Cependant
« prenez garde de ne pas vous élever et soyez vigilants;
« car si Dieu n'a point épargné les branches naturelles,
« vous devez craindre qu'il ne vous épargne pas non plus.
« Que si eux-mêmes ne demeurent pas dans leur incrédu-
« lité, ils seront de nouveau entés sur leur tige; puisque
« Dieu est tout-puissant pour les enter encore. Et si vous-
« mêmes avez été coupés de l'olivier sauvage, votre tige
« naturelle, pour être entés contre votre nature sur l'olivier
« franc, à combien plus forte raison les branches naturelles
« de l'olivier seront-elles entées sur leur propre tige! »
L'Apôtre continue :

« Je veux bien, mes frères, vous découvrir ce mystère et ce
« secret, afin que vous ne soyez point sages à vos propres

« *yeux : c'est qu'une partie des juifs est tombée dans l'aveu-*
« *glement, jusqu'à ce que la multitude des nations entrât*
« *dans l'Eglise; et qu'alors tout Israël soit sauvé, selon qu'il*
« *est écrit : il sortira de Sion un libérateur qui bannira l'im-*
« *piété de Jacob.*

« *Telle est l'alliance que je ferai avec eux, quand j'aurai*
« *effacé leurs péchés. Donc, quant à l'Evangile, ils sont*
« *maintenant ennemis, à cause de vous ; mais quant à l'élec-*
« *tion, ils sont toujours aimés, à cause de leurs pères. Car*
« *les dons et la vocation de Dieu sont immuables et sans re-*
« *pentance* (1). »

Oui, nous répéterons ici ce que nous avons dit ailleurs :
le temps approche où Dieu, sortant de son impénétrable
mystère, comme autrefois Jacob de son douloureux som-
meil, se ressouviendra de l'enfant prodigue : « *Suscepit Is-
rael puerum suum recordatus misericordiæ suæ.* » Il se lè-
vera, et, avec l'accent d'une mère, il dira aux enfants de
l'Eglise : Ce fils était perdu, mais il est retrouvé ! Il était
mort, et il est ressuscité ! Et les os humiliés d'Israël tressail-
liront d'une vie nouvelle. « *Et exultabunt ossa humiliata.* »
Alors le vieux peuple de Dieu, accourant du midi et de
l'aquilon, tombera au pied de la croix ; et le Sauveur du
monde effacera de son front la tache du sang.

Et puisque, selon l'Apôtre, les vocations de Dieu sont irré-
vocables, le peuple d'Israël, après avoir fourni les premières
pierres de l'Eglise, reparaîtra dans les derniers jours au
couronnement de l'édifice immortel.

____

(1) Ep. aux Romains, XI.

PARIS. — IMP. DE V. GOUPY, RUE GARANCIÈRE, 5.

PARIS. — IMP. VICTOR GOUPY, RUE GARANCIÈRE, 5.

www.ingramcontent.com/pod-product-compliance
Lightning Source LLC
LaVergne TN
LVHW051124060726
842526LV00006B/1893